大方廣佛華嚴經 寫經

35

🌸 일러두기

1. 『사경본 한글역 대방광불화엄경』은 『독송본 한문·한글역 대방광불화엄경』에 수록된 한글역을 사경하는 데 편의를 도모하기 위해 편집을 달리하여 간행한 것이다.

2. 『독송본 한문·한글역 대방광불화엄경』은 실차난타가 한역(695~699)한 80권 『대방광불화엄경』의 한문 원문과 한글역을 함께 수록한 것이다. 한문 저본은 고종 2년(1865) 월정사에서 인경한 고려대장경 『대방광불화엄경』이다.

3. 한글 번역은 동국역경원에서 발간한 한글 『대방광불화엄경』(운허)을 중심으로 하고 『신화엄경합론』(탄허)과 『대방광불화엄경 강설』(여천무비) 그리고 최근의 여타 번역본 등을 참조하였다.

4. 한글 번역은 독송과 사경을 위하여 정확성과 아울러 가독성을 고려하였다. 극존칭은 부처님과 불경계에 대해서만 사용하였다.

5. 사경본의 차례는 일러두기 → 한글역 본문 → 화엄경 목차 → 간행사이며 80권 『대방광불화엄경』의 권별 목차 순으로 독송본과 함께 간행한다. (법공양판에는 간행사 다음에 간행불사 동참자를 밝혀 두었다.)

사경본 한글역
대방광불화엄경 제35권

26. 십지품 [2]

수미해주

대방광불화엄경 제35권 변상도

대방광불화엄경
제35권

26. 십지품 [2]

_____ 은(는) 『대방광불화엄경』을
사경하는 인연공덕으로
『화엄경』이 널리 유통되고
우리 모두 다함께 보리 이루기를 발원하옵니다.

대방광불화엄경
제35권

26. 십지품 [2]

모든 보살들이
이 가장 수승하고 미묘한 지위를 듣고
그 마음이 다 청정해져서
일체가 모두 환희하며

모두 자리에서 일어나

허공에 뛰어올라 머무르며
가장 미묘한 꽃을 널리 흩고
동시에 함께 칭찬하였다.

"훌륭합니다, 금강장이여,
큰 지혜로 두려움 없는 자여,
이 초지의 보살이 행하는 법을
잘 설하였습니다."

해탈월 보살이
대중의 마음이 청정하고
제2지의 있는 바 모든 행상을

즐겨 듣고자 함을 알고는

곧 금강장에게 청하였다.
"대혜여, 원컨대 연설하소서.
불자들이 모두 제2지에 머무르는 것을
즐겨 듣고자 합니다."

그때에 금강장 보살이 해탈월 보살에게 말씀하였다.
"불자여, 보살마하살이 이미 초지를 닦고 제2지에 들어가려 한다면,

마땅히 열 가지 깊은 마음을 일으켜야 한다.

　무엇이 열인가? 이른바 정직한 마음과 부드러운 마음과 참을성 있는 마음과 조복하는 마음과 적정한 마음과 순일하게 선한 마음과 잡란하지 않은 마음과 그리움이 없는 마음과 넓은 마음과 큰 마음이다. 보살이 이 열 가지 마음으로 제2 이구지에 들어간다.

　불자여, 보살이 이구지에 머무르면

성품이 저절로 일체 살생을 멀리 여읜다. 칼이나 몽둥이를 두지 아니하고, 원한을 품지 아니하며, 부끄러움이 있고 수줍음이 있으며, 인자하고 용서함이 구족하며, 일체 중생으로 생명 있는 자에게 항상 이익되고 자애로운 마음을 낸다.

이 보살이 오히려 나쁜 마음으로 모든 중생들을 괴롭히지 않는데, 어찌 하물며 저에게 중생이라는 생각을 일으켜 짐짓 거친 마음으로 살해를 행하겠는가?

성품이 훔치지 않는다. 보살은 자기의 재산에 항상 만족함을 알고 다른 이에게 자애롭고 어질어서 침범하여 손해를 주려 하지 않는다.

만약 물건이 다른 이에게 속한 것이면 남의 물건이라는 생각을 내어 마침내 이것에 대해 훔치려는 마음을 내지 않으며 내지 풀잎이라도 주지 않으면 가지지 않는데, 어찌 하물며 그 나머지 생활에 필요한 도구이겠는가?

성품이 사음하지 않는다. 보살은 자기의 아내에 만족할 줄 알고 다른 아내를 구하지 않는다.

다른 이의 아내나 첩이나, 다른 이가 보호하는 여자나, 친족이거나, 약혼하였거나, 법으로 보호받는 이에게 오히려 탐하는 물든 마음을 내지 않는데 어찌 하물며 종사하며, 하물며 도리가 아닌 것이겠는가?

성품이 거짓말을 하지 않는다. 보살은 항상 진실한 말과 참된 말과 시기에 맞는 말을 하며 내지 꿈에서라도 또한 덮어 감추는 말을 차마 하지 못하며 하려는 마음도 없는데, 어찌 하물며 짐짓 범하겠는가?

   성품이 이간하는 말을 하지 않는다. 보살은 모든 중생들에게 이간하는 마음이 없고 괴롭히고 해치려는 마음도 없다.
이 말로써 저를 파괴하기 위하여 저에게 말하지 아니하고, 저 말로써 이를 파괴하기 위하여 이에게 말하지 아니한다.

　아직 파괴하지 않은 것은 파괴하게 하지 않고, 이미 파괴한 것은 증장하지 않게 하며, 이간하는 것을 기뻐하지 않고 이간하는 것을 즐기지 않는다. 이간하는 말을 짓지 아니하며, 이간하는 말은 실제이거나 실제가 아니거나 말하지 아니한다.

　성품이 악한 말을 하지 않는다. 이른바 독하고 해로운 말과, 거칠고 사나운 말과, 남을 괴롭히는 말과, 남을 성내게 하는 말과, 앞에 대한 말과, 앞에 대하지 않은 말과, 비루하고 나쁜 말과, 용렬하고 천박한 말과, 듣기에 즐겁지 않은 말과, 듣는 자가 기쁘지 않은 말과, 분노의 말과, 불처럼 속을 태우는 말과, 원한을 맺는 말과, 고통스럽게 하는 말과, 사랑스럽지 않은 말과, 즐겁지 않은 말과, 자신과 남을 파괴하는 말 등, 이와 같은 말을 모두 다 버린다.

항상 윤택한 말과, 부드러운 말과,

뜻에 맞는 말과, 듣기 즐거운 말과, 듣는 이가 기뻐하는 말과, 남의 마음에 잘 들어가는 말과, 운치 있고 규범 있는 말과, 여러 사람이 좋아하는 말과, 여러 사람이 기뻐하는 말과, 몸과 마음이 뛸 듯 희열한 말을 한다.

성품이 번드르르한 말을 하지 않는다. 보살은 언제나 생각하고 살피는 말과, 시기에 맞는 말과, 진실한 말과, 이치에 맞는 말과, 법다운 말과, 도리를 따르는 말과, 잘 조복하는 말과, 때에 따라 요량하여 결정하는 말을 즐겨한다.

이 보살은 내지 우스갯소리도 오히려 항상 생각하고 살피는데, 어찌 하물며 짐짓 산란한 말을 하겠는가?

성품이 탐내지 않는다. 보살이 남의 재물이나 남의 생활용품에 탐하는 마음을 내지 않고 원하지 않고 구하지도 않는다.

성품이 성내지 않는다. 보살이 일체 중생에게 항상 자애로운 마음과, 이익하게 하는 마음과, 가엾이 여기는 마음과, 환희한 마음과, 화평한 마음과, 거두어 주는 마음을 낸다.

성냄과 한탄과 원망과 해침과 뜨거운 번뇌를 길이 버리고, 항상 수순하는 행과 인자하고 도와주고 이익하게 하는 일을 생각한다.

또 삿된 견해를 여읜다. 보살이 바른 도에 머무르며, 점치지 않고, 나쁜 계율을 가지지 않고, 마음과 견해가 정직하고, 속이지 않고 아첨하지 않으며, 불보와 법보와 승보에 결정한 믿음을 일으킨다.

불자여, 보살마하살이 이와 같이 열 가지 선한 업의 도를 보호하고 지니어 항상 끊임이 없다.

다시 이 생각을 하기를 '일체 중생이 나쁜 갈래에 떨어지는 것은 모두 열 가지 선하지 않은 업 때문이

님이 없다. 그러므로 나는 마땅히 스스로 바른 행을 닦고 또한 다른 이에게도 권하여 바른 행을 닦게 할 것이다. 왜냐하면 만약 스스로 바른 행을 수행하지 못하면서 다른 이로 하여금 닦게 하는 것은 옳지 않기 때문이다.'라고 한다.

불자여, 이 보살마하살이 다시 이 생각을 한다.

'열 가지 선하지 않은 업의 길은 지옥이나 축생이나 아귀에서 삶을 받는 원인이며, 열 가지 선한 업의 길은 인간이나 천상이나 내지 유정처에서 삶을 받는 원인이다.

또 이 상품의 열 가지 선한 업의 길을 지혜로써 닦아 익히되, 마음이 좁고 용렬한 까닭이며 삼계를 두려워하는 까닭이며 대비가 없는 까닭이며 다른 이로부터 소리를 듣고 이해하여 아는 까닭으로 성문승이 된다.

또 이 상품의 열 가지 선한 업의 길을 청정하게 닦아 다스리되, 남의 가르침을 따르지 않고 스스로 깨달은 까닭이며 대비 방편을 갖추지 못한 까닭이며 매우 깊은 인연법을 깨달아 아는 까닭으로 독각승이 된다.

또 이 상품의 열 가지 선한 업의 길을 청정하게 닦아 다스리되, 마음이 넓기가 한량없는 까닭이며 가엾게 여김을 구족하는 까닭이며 방편에 포섭되는 까닭이며 큰 서원을 내는 까닭이며 중생을 버리지 않는 까닭이며 모든 부처님의 큰 지혜를 바라고 구하는 까닭이며 보살의 모든 지위를 깨끗이 다스리는 까닭이며 일체 모든 바라밀을 깨끗이 닦는 까닭으로 보살의 광대한 행을 이룬다.

또 이 상상품의 열 가지 선한 업의 길은 일체종이 청정한 까닭이며 내지 열 가지 힘과 네 가지 두려움 없음을 증득하는 까닭으로 일체 부처님 법을 모두 성취한다.

그러므로 내가 이제 열 가지의 선

을 평등하게 행하여 마땅히 일체로 하여금 청정함을 구족하게 할 것이니, 이와 같은 방편을 보살이 마땅히 배울 것이다.'

불자여, 이 보살마하살이 또 이 생각을 한다.

'열 가지 선하지 않은 업의 길이 상품은 지옥의 인이고, 중품은 축생의 인이고, 하품은 아귀의 인이다.

그중에서 살생한 죄는 능히 중생들

이 지옥과 축생과 아귀에 떨어지게 한다. 인간에 태어나더라도 두 가지 과보를 받으니, 하나는 단명하고 둘은 병이 많다.

도둑질한 죄도 또한 중생들이 세 가지 나쁜 갈래에 떨어지게 한다. 인간에 태어나더라도 두 가지 과보를 받으니, 하나는 빈궁하고 둘은 재물을 함께 가지게 되어 마음대로 하지 못한다.

사음한 죄도 또한 중생들이 세 가지 나쁜 갈래에 떨어지게 한다. 인간에 태어나더라도 두 가지 과보를 받으니, 하나는 아내가 정숙하지 않고 둘은 마음에 드는 권속을 얻지 못한다.

거짓말한 죄도 또한 중생들이 세 가지 나쁜 갈래에 떨어지게 한다. 인간에 태어나더라도 두 가지 과보를 받으니, 하나는 비방을 많이 받고 둘은 남에게 속게 된다.

이간한 죄도 또한 중생들이 세 가지 나쁜 갈래에 떨어지게 한다. 인간에 태어나더라도 두 가지 과보를 받으니, 하나는 권속이 뿔뿔이 흩어지고 둘은 친족들이 험악하다.

악한 말을 한 죄도 또한 중생들이 세 가지 나쁜 갈래에 떨어지게 한다. 인간에 태어나더라도 두 가지 과보를 받으니, 하나는 항상 나쁜 소리를 듣고 둘은 말로 많이 다툰다.

번드르르한 말을 한 죄도 또한 중생들이 세 가지 나쁜 갈래에 떨어지게 한다. 인간에 태어나더라도 두 가지 과보를 받으니, 하나는 말해도 받아들이는 사람이 없고 둘은 말이 분

명하지 않다.

  탐낸 죄도 또한 중생들이 세 가지 나쁜 갈래에 떨어지게 한다. 인간에 태어나더라도 두 가지 과보를 받으니, 하나는 마음에 만족할 줄 모르고 둘은 욕심이 끝이 없다.

  성낸 죄도 또한 중생들이 세 가지 나쁜 갈래에 떨어지게 한다. 인간에 태어나더라도 두 가지 과보를 받으니, 하나는 항상 남들에게 시비를 받게 되고 둘은 항상 남들에게 괴롭힘과 해침을 받는다.

삿된 견해를 가진 죄도 또한 중생들이 세 가지 나쁜 갈래에 떨어지게 한다. 인간에 태어나더라도 두 가지 과보를 받으니, 하나는 삿된 견해를 가진 집에 태어나고 둘은 그 마음이 아첨하고 굽다.'

불자여, 열 가지 선하지 않은 업의 길은 이러한 한량없고 가없는 여러 큰 고통 무더기를 능히 만들어 낸다.

그러므로 보살이 이와 같이 생각하기를 '나는 마땅히 열 가지 선하지 않은 길을 멀리 여의고 열 가지 선한 길로 법의 동산을 삼아 즐겁고 편안히 머무르면서, 스스로도 그 속에 머무르고 또한 다른 사람도 그 가운데 머무르도록 권하리라.'라고 한다.

불자여, 이 보살마하살이 다시 일체 중생에게 이익하게 하는 마음과, 안락하게 하는 마음과, 자애로운 마음과, 슬퍼하는 마음과, 가엾게 여기는 마음과, 거두어 주는 마음과, 수호하는 마음과, 자기라는 마음과, 스승이라는 마음과, 큰 스승이라는 마음을 낸다.

이 생각을 하여 말한다.
'중생이 가엾게도 삿된 견해와 나쁜 꾀와 나쁜 욕망과 나쁜 길의 빽빽한 숲에 떨어졌으니, 내가 마땅히 그들로 하여금 바른 견해에 머물러서 진실한 도를 행하게 하리라.'
또 이 생각을 한다.
'일체 중생이 남과 나를 분별하여 서로서로 파괴하고 다투고 성냄이

치성하여 쉬지 아니하니, 내가 마땅히 그들로 하여금 위없는 큰 자애로움 가운데 머무르게 하리라.'

또 이 생각을 한다.

'일체 중생이 탐착하는 데 싫어함이 없고 오직 재물의 이익만을 구하며 삿된 생업으로 스스로 살아가니, 내가 마땅히 그들로 하여금 몸과 말과 뜻의 업이 청정하여 바른 생업의 법에 머무르게 하리라.'

또 이 생각을 한다.

'일체 중생이 항상 세 가지 독을

따라서 갖가지 번뇌가 그로 인해 치성하되 벗어날 방편을 구할 줄 알지 못한다. 내가 마땅히 그들로 하여금 일체 번뇌의 큰 불을 끄고 청량한 열반의 자리에 있게 하리라.'

또 이 생각을 한다.

'일체 중생이 어리석음의 두터운 어둠과 허망한 견해의 두꺼운 막에 덮인 바인 까닭으로, 그늘진 빽빽한 숲에 들어가서 지혜의 광명을 잃고 광야의 험한 길을 가면서 모든 악한 견해를 일으킨다. 내가 마땅히 그들로 하여금 장애 없이 청정한 지혜의 눈을 얻어서 일체 법의 실다운 모습을 알고 다른 이의 가르침을 따르지 않게 하리라.'

또 이 생각을 한다.

'일체 중생이 나고 죽는 험한 길에 있으면서 장차 지옥과 축생과 아귀에 떨어지거나 나쁜 견해의 그물에 들어가 어리석음의 빽빽한 숲에서 길을 잃고 삿된 길을 따라가며 뒤바뀐 행을 행한다.

비유하면 마치 눈먼 사람이 인도

하는 사람도 없어서 빠져 나갈 길이 아닌데 빠져 나갈 길이라 하여 마군의 경계에 들어가 악한 도둑에게 붙들리는 것과 같이, 마군의 마음을 따르고 부처님의 뜻을 멀리 여읜다.

내가 마땅히 이와 같은 험난함에서 구출하여 두려움 없는 일체 지혜의 성에 머무르게 하리라.'

또 이 생각을 한다.

'일체 중생이 큰 폭류의 물결에 휩쓸려서 욕망의 폭류와 존재의 폭류와 무명의 폭류와 견해의 폭류에 들어가 생사에서 소용돌이치고 애욕의 물에 떠다니며 빠르게 달리고 심하게 부딪치느라 관찰할 겨를이 없다.

탐내는 생각과 성내는 생각과 해치는 생각을 따라서 버리지 못하며, 자신의 몸이라는 견해의 나찰에게 붙들려 길이 애욕의 빽빽한 숲으로 끌려들어가 탐스러운 대상에 물든 집착을 깊이 내고, 아만의 언덕에 머무르며 육처의 마을에 안주하게 되어, 잘 구원할 자도 없고 능히 제도할 자도 없다.

내가 마땅히 그들에게 대비심을 일으켜 모든 선근으로 구제하여 환난이 없고 물듦을 떠나 적정하여 일체 지혜의 보배 땅에 머무르게 하리라.'

또 이 생각을 한다.

'일체 중생이 세상의 감옥에 있으면서 온갖 고통이 많고, 항상 사랑하고 미워함을 품어 스스로 걱정과 두려움을 내며, 탐욕의 무거운 형틀에 묶이고 무명의 빽빽한 숲에 뒤덮여 삼계에서 능히 스스로 벗어나지 못한다.

내가 마땅히 그들로 하여금 길이 삼유를 여의고 장애 없는 대열반에 머무르게 하리라.'

또 이 생각을 한다.

'일체 중생이 나라는 데 집착하여 모든 온의 소굴에서 벗어나기를 구하지 않고, 육처의 텅 빈 마을을 의지하여 네 가지 전도된 행을 일으키며, 사대의 독사에게 시달리는 바가 되고, 오온이라는 원수에게 살해를 당하면서, 한량없는 고통을 받는다.

내가 마땅히 그들로 하여금 가장

수승하고 집착하는 바가 없는 곳에 머무르게 하리니, 이른바 일체 장애가 없어진 위없는 열반이다.'

또 이 생각을 하기를 '일체 중생이 그 마음이 비좁고 용렬하여 가장 높은 일체지의 도를 행하지 못하며, 비록 벗어나려 하여도 다만 성문승과 벽지불승만 좋아한다. 내가 마땅히 광대한 부처님의 법과 광대한 지혜에 머무르게 하리라.'라고 한다.

불자여, 보살이 이와 같이 계를 보호하여 지니어 자비의 마음을 잘 능히 증장한다.

불자여, 보살이 이 이구지에 머물러 원력으로 많은 부처님을 친견한다. 이른바 많은 백 부처님과 많은 천 부처님과 많은 백천 부처님과 많은 억 부처님과 많은 백억 부처님과 많은 천억 부처님과 많은 백천억 부처님을 친견하며, 이와 같이 내지 많은 백천억 나유타 부처님을 친견한다.

모든 부처님 처소에서 광대한 마음과 깊은 마음으로 공경하고 존중하며 받들어 섬기고 공양올린다. 의복과 음식과 와구와 의약과 일체 살림을 모두 받들어 보시한다.

또한 일체 스님들에게도 공양하며, 이 선근으로 아뇩다라삼먁삼보리에 회향한다.

모든 부처님 처소에서 존중하는 마음으로 다시 열 가지 선한 길의 법을 받아 행하며, 그 받은 것을 따르고 내지 보리를 마침내 잊지 아니한다.

이 보살이 한량없는 백천억 나유타 겁 동안 인색하고 미워하고 파계한 허물을 멀리 여읜 까닭으로, 보시하고 계를 지님이 청정하고 만족하다.

비유하면 마치 진금을 명반석 가운데에 넣고 법대로 연단하면 일체 불순물이 없어지고 점점 더 밝고 깨끗해지는 것과 같다.

보살이 이 이구지에 머무르는 것도 또한 이와 같아서, 한량없는 백천억 나유타 겁 동안 인색하고 미워하고 파계한 허물을 멀리 여읜 까닭으로 보시하고 계를 지님이 청정하고 만족하다.

불자여, 이 보살이 사섭법 중에서는 사랑스러운 말이 치우쳐 많고, 십바라밀 중에서는 지계가 치우쳐 많다. 다른 것을 행하지 않는 것은 아니나, 다만 힘을 따르고 분한을 따를 뿐이다.

불자여, 이것을 이름하여 보살마하살의 제2 이구지를 간략히 설한다고 한다.

보살이 이 이구지에 머물러서는 많이 전륜성왕이 되고 큰 법주가 되어서 칠보를 구족하고 자재한 힘이 있어서, 일체 중생의 인색하고 탐하고 파계한 허물을 능히 없애고 좋은 방편으로써 그들로 하여금 열 가지 선한 길에 머무르게 한다.

큰 시주가 되어 두루 주는 일이 끝이 없으며, 보시하고 사랑스러운 말을 하고 이익하게 하고 일을 같이 한다.

이와 같은 일체 모든 짓는 바 업이

모두 부처님을 생각함을 여의지 아니하며, 법을 생각함을 여의지 아니하며, 스님을 생각함을 여의지 아니하며, 내지 일체종과 일체지의 지혜 구족하기를 생각함을 여의지 않는다.

또 이 생각을 한다.

'내가 마땅히 일체 중생들 가운데 상수가 되고, 수승한 이가 되고, 특히 수승한 이가 되고, 묘한 이가 되고, 미묘한 이가 되고, 높은 이가 되고, 위없는 이가 되고, 내지 일체지

의 지혜에 의지하는 자가 될 것이다.'

이 보살이 만약 집을 버리고 불법 가운데서 부지런히 정진을 행하려 하면, 문득 집과 처자와 오욕을 능히 버린다. 이미 출가하고는 부지런히 정진을 행하여 한 생각 사이에 천 삼매를 얻고, 천 부처님을 친견하고, 천 부처님의 위신력을 알아서, 천 세계를 능히 진동하며, 내지 천 가지 몸을 나타내 보이고, 낱낱 몸에 능히 천 보살을 나타내 보이고 권속을 삼는다.

　만일 보살의 수승한 원력으로 자재하게 나타내 보이면 이 수를 넘어서니, 백 겁과 천 겁과 내지 백천억 나유타 겁에도 능히 세어서 알 수 없다."

　이때에 금강장 보살이 그 뜻을 거듭 펴려고 게송을 설하여 말씀하였다.

정직하고 부드럽고
참을성 있고
조복하고 적정하고
순일하게 선하고
생사를 속히 벗어나는
넓고 큰 마음이여,
이 열 가지 마음으로
이구지에 들도다.

여기에 머물러
계의 공덕을 성취하여
살생을 멀리 여의고

해치지 않으며
또한 도둑질과 삿된 음행과
거짓말과 악한 말과
이간하는 말과
뜻 없는 말을 여의도다.

재물을 탐하지 않고
늘 자비로우며
바른 도와 곧은 마음이고
아첨과 거짓이 없으며
험악함과 교만 버려
조화롭고 부드러우며

가르침을 의지하여 행하고
방일하지 않도다.

지옥과 축생이
온갖 고통을 받고
아귀는 불에 타서
맹렬한 불꽃을 냄이
일체가 다
죄로 생기는 바이니
내 마땅히 저를 떠나고
진실한 법에 머무르리라.

인간에
뜻 따라 태어남과
내지 유정천의
선정의 낙과
독각이나 성문이나
부처 되는 길이
모두 열 가지 선을 인하여
성취되도다.

이와 같이 사유하고
방일하지 아니하여
스스로 청정한 계를 지니고

남도 보호하며
다시 중생이
온갖 고통받음을 보고
점점 더 대비심을
증장하도다.

범부는 삿된 지혜로
바르게 이해하지 못하여
항상 분노를 품고
많이 싸우고 다투며
경계를 탐하느라
만족할 기약이 없으니

내 마땅히
그들이 삼독을 제거하게 하리라.

어리석음의 큰 어둠에
덮인 바 되어
크게 험한 길과
삿된 견해의 그물에 들어가
생사의 우리 속에 구속됨을
원망하고 있으니
내 마땅히
그들이 마군인 적을 꺾게 하리라.

네 폭류에 표류하며
마음이 잠기고
삼계가 불타는 듯
고통이 한량없어
오온을 헤아려 집을 삼아
'나'를 거기에 두니
그들을 제도하려고
부지런히 도를 행하도다.

설령 벗어나기를 구하여도
마음이 하열하여
가장 높은

부처님 지혜를 버리니
내가 그들이
대승에 머무르게 하려고
부지런히 정진하여
만족해 싫어함이 없도다.

보살이 여기에 머물러
공덕을 모아
한량없는 부처님을 친견하고
다 공양올리며
억겁에 선을 닦아 다스려
더욱 밝아지니

좋은 약으로
진금을 연단하는 듯하도다.

불자가 여기에 머무르면
전륜왕이 되어
중생들을 널리 교화하여
십선을 행하고
있는 바 선한 법을
모두 닦아 익히어
십력을 이루어서
세상을 구제하도다.

왕위와 재물 보화를
버리고
곧 살던 집을 떠나
부처님 가르침에 귀의하여
용맹하게 정진하며
한 생각 동안에
일천 삼매 얻고서
천 부처님을 친견하도다.

있는 바
갖가지 신통의 힘을
이 지위의 보살이

모두 능히 나타내며
원력으로 짓는 일이
다시 이것을 지나
한량없이 자재하게
중생들을 제도하도다.

일체 세간을
이익하게 하는 자가
닦는 바
보살의 가장 수승한 행인
이와 같은
제2지의 공덕을

모든 불자들을 위해
이미 연설하였도다.

제3지

불자들이
이 지위의 행을 들으니
보살의 경계가
사의하기 어려워
공경하지 않음이 없고
마음이 환희하여
공중에 꽃을 뿌려
공양하며

찬탄해 말하였다.
"훌륭합니다, 큰 산왕이여,
자애로운 마음으로
모든 중생들을 가엾게 여겨
지혜 있는 자의
계율과 위의의 법인
제2지의 행상을
잘 설하였습니다.

이 모든 보살들의
미묘한 행은
진실하고 다름이 없고

차별도 없어
모든 중생들을
이익케 하기 위함이니
이와 같이 가장 청정함을
연설하였습니다.

일체 인간과 천신의
공양을 받는 자여,
원컨대
제3지를 연설하소서.
법과 상응하는
모든 지혜의 업을

그 경계와 같이
다 밝히기를 바랍니다.

큰 선인이 지닌
보시와 계법과
인욕과 정진과
선정과 지혜와
그리고 방편과
자비의 도와
부처님의 청정한 행을
원컨대 다 설하소서."

그때에 해탈월이
다시 청하여 말씀하였다.
"두려움 없는 대사,
금강장이여,
원컨대
제3지에 들어가는
부드러운 마음 지닌 자의
모든 공덕을 연설하소서."

이때에 금강장 보살이 해탈월 보살에게 말씀하였다.

"불자여, 보살마하살이 이미 제2지를 깨끗이 하고 제3지에 들어가려 한다면 마땅히 열 가지 깊은 마음을 일으켜야 한다.

무엇이 열인가?

이른바 청정한 마음과, 편안히 머무르는 마음과, 싫어서 버리는 마음과, 탐욕을 여의는 마음과, 물러나지 않는 마음과, 견고한 마음과, 밝고 성대한 마음과, 용맹한 마음과, 넓은 마음과, 큰 마음이다. 보살이 이 열 가지 마음으로 제3지에 들어

간다.

불자여, 보살마하살이 제3지에 머무르고는 일체 유위법의 여실한 모양을 관찰한다.

이른바 무상하고, 괴롭고, 청정하지 않고, 편안하지 않고, 무너지고, 오래 머무르지 못하고, 찰나에 생멸하고, 과거에 생겨난 것도 아니고, 미래로 가는 것도 아니고, 현재에 머무르는 것도 아니다.

또 이 법이 구제할 이 없고, 의지할 데 없으며, 근심과 함께하고, 슬픔과 함께하며, 고뇌와 함께 머무르고, 사랑과 미움에 얽매이며, 시름과 걱정이 점차 많아지고, 정지해 있지 않으며, 탐욕과 성냄과 어리석음의 불이 치성하여 쉬지 아니하고, 온갖 근심에 얽매여 밤낮으로 늘어나며, 환과 같아서 진실하지 아니함을 관찰한다.

이와 같이 보고는 일체 유위에 대해 싫어하여 떠남이 배로 늘어서 부처님의 지혜로 나아간다.

부처님의 지혜는 불가사의하며, 동등함이 없고 한량이 없으며, 얻기 어렵고 잡됨이 없으며, 고뇌가 없고 근심이 없으며, 두려움이 없는 성에 이르러 다시는 물러나지 않으며, 한량 없는 고통으로 어려운 중생들을 능히 구제함을 본다.

보살이 이와 같이 여래 지혜의 한

량없는 이익을 보고, 일체 유위의 한량없는 허물과 근심을 보고 곧 일체 중생에게 열 가지의 불쌍히 여기는 마음을 낸다.

무엇이 열인가?

이른바 모든 중생들이 고독하여 의지할 데 없음을 보고 불쌍히 여기는 마음을 내며, 모든 중생들이 빈궁하여 곤핍함을 보고 불쌍히 여기는 마음을 내며, 모든 중생들이 삼독의 불에 타는 것을 보고 불쌍히 여기는 마음을 낸다.

모든 중생들이 모든 존재의 옥에 갇혀 있음을 보고 불쌍히 여기는 마음을 내며, 모든 중생들이 번뇌의 빽빽한 숲에 항상 뒤덮여 장애됨을 보고 불쌍히 여기는 마음을 내며, 모든 중생들이 잘 살펴보지 못함을 보고 불쌍히 여기는 마음을 낸다.

모든 중생들이 선한 법에 욕망이 없음을 보고 불쌍히 여기는 마음을 내며, 모든 중생들이 모든 부처님 법을 잃어버림을 보고 불쌍히 여기는 마음을 낸다.

모든 중생들이 생사의 흐름을 따르는 것을 보고 불쌍히 여기는 마음을 내며, 모든 중생들이 해탈하는 방편을 잃어버림을 보고 불쌍히 여기는 마음을 낸다. 이것이 열 가지이다.

보살이 이와 같이 중생계의 한량없는 고뇌를 보고 크게 정진함을 내어서 이렇게 생각하여 말한다.

'이 중생들을 내가 마땅히 구호하고, 내가 마땅히 해탈케 하고, 내가 마땅히 청정하게 하고, 내가 마땅히 제도하고, 마땅히 선한 곳에 두고, 마땅히 편안히 머무르게 하고, 마땅히 환희하게 하고, 마땅히 알고 보게 하고, 마땅히 조복하게 하고, 마땅히 열반케 하리라.'

　보살이 이와 같이 일체 유위를 싫어해 떠나고, 이와 같이 일체 중생을 불쌍히 생각하고, 일체지의 지혜가 수승한 이익이 있음을 알고서 여래의 지혜에 의지하여 중생을 건져 제도하려 한다.

이렇게 사유하기를 '이 모든 중생들이 번뇌와 큰 고통 속에 빠졌으니, 무슨 방편으로 능히 구제하여 구경 열반의 즐거움에 머무르게 할 수 있을까?'라고 한다.

문득 이 생각도 한다.

'중생을 제도하여 열반에 머무르게 하려면 장애가 없는 해탈 지혜를 여의지 않아야 한다.

장애가 없는 해탈 지혜는 일체 법을 사실대로 깨달음을 여의지 않으며, 일체 법을 사실대로 깨달음은

행함도 없고 생겨남도 없는 행의 지혜 광명을 여의지 않으며, 행함도 없고 생겨남도 없는 행의 지혜 광명은 선정의 공교하고 결정하게 관찰하는 지혜를 여의지 않으며, 선정의 공교하고 결정하게 관찰하는 지혜는 공교하게 많이 들음을 여의지 않는다.'

보살이 이와 같이 관찰하여 알고는 바른 법을 배로 부지런히 구하고 닦아 익힌다.

밤낮으로 오직 법을 듣고, 법을 기뻐하고, 법을 좋아하고, 법을 의지하고, 법을 따르고, 법을 이해하고, 법에 순종하고, 법에 이르고, 법에 머무르고, 법을 행하기를 원한다.

보살이 이와 같이 불법을 부지런히 구하면서 가진 재물을 모두 아끼지 않으며, 어떤 물건도 얻기 어렵고 소중함을 보지 않으며, 다만 불법을 능히 설하는 사람을 만나기 어렵다는 생각만 낸다.

그러므로 보살이 안팎의 재물을

불법을 구하기 위하여 모두 능히 버리며, 어떤 공경도 행하지 못하는 것이 없고, 어떤 교만도 버리지 못하는 것이 없고, 어떤 받들어 섬김도 행하지 못하는 것이 없고, 어떤 고생도 받지 못하는 것이 없다.

만약 일찍이 듣지 못했던 법을 한 구절만 들어도 크게 환희하여 삼천대천세계에 가득한 보배를 얻은 것보다 수승하게 여긴다.

만약 듣지 못했던 바른 법을 한 게

송만 들어도 크게 환희하여 전륜성왕의 지위를 얻은 것보다 수승하게 여기며, 만약 일찍이 듣지 못했던 법을 한 게송만 얻어도 능히 보살행을 청정히 하여 제석이나 범왕의 지위를 얻어 한량없는 백천 겁을 지내는 것보다 수승하게 여긴다.

만약 어떤 사람이 말하기를, '나에게 부처님께서 설하신 한 구절의 법이 있어 보살행을 청정하게 할 수 있으니, 그대가 지금 만약 큰 불구덩이에 들어가 극심한 큰 고통을 받을 수 있다면 마땅히 일러주리라.'라고 한다면, 보살이 그때에 이와 같이 생각한다.

'내가 부처님께서 설하신 한 구절의 법으로써 보살행을 청정하게 하는 까닭으로, 가령 삼천대천세계에 큰 불이 가득하더라도 오히려 범천의 위에서 몸을 던져 떨어져서 몸소 스스로 받을 터인데 하물며 조그만 불구덩이에 능히 들어가지 못하겠는가?

그러니 내가 지금 불법을 구하기 위해서는 일체 지옥의 온갖 고통도 마땅히 받을 것인데, 어찌 하물며 인간의 여러 조그만 고뇌이겠는가?'

보살이 이와 같이 부지런히 정진하여 불법을 구하되, 들은 대로 관찰하고 수행한다.

이 보살이 법을 듣고는 마음을 거두어 편안히 머물러 텅 비고 한가한 곳에서 이 생각을 하기를, '말한 대로 행을 닦아야 이에 부처님 법을 얻으리니, 단지 입으로 말만 해서는 청정할 수 없다.'라고 한다.

　불자여, 이 보살이 이 발광지에 머무를 때에 곧 욕심과 악하고 선하지 못한 법을 여의어, 거친 생각도 있고 미세한 생각도 있으나 여읨으로써 기쁨과 즐거움을 내어 초선에 머무른다.

　거친 생각과 미세한 생각을 없애고 안으로 한 마음을 깨끗이 하여, 거친 생각도 없고 미세한 생각도 없으며 선정으로써 기쁨과 즐거움을 내어 제2선에 머무른다.

　기쁨을 여의고 버림에 머무르며 정념이 있으며 바르게 알아서, 몸으로 즐거움을 받으니 모든 성인들이 설한 바로 능히 버리고 정념이 있고 즐거움을 받아 제3선에 머무른다.

　즐거움을 끊어 먼저 고통과 기쁨과 근심을 제거하여 없애서, 괴롭지도 않고 즐겁지도 않아 버리는 생각이 청정하여 제4선에 머무른다.

일체 물질이라는 생각을 초월하고 상대가 있다는 생각을 없애 갖가지 생각을 기억하지 아니하여, 가없는 허공에 들어가서 허공이 가없는 곳에 머무른다.

일체 허공이 가없는 곳을 초월하여 가없는 식에 들어가서 식이 가없는 곳에 머무른다.

일체 식이 가없는 곳을 초월하여 조금도 있는 바가 없음에 들어가서 있는 바가 없는 곳에 머무른다.

일체 있는 바가 없는 곳을 초월하

여 생각이 있지도 않고 생각이 없지도 않은 곳에 머무른다. 다만 법을 수순하므로 행하고, 즐거워 집착하는 일은 없다.

　불자여, 이 보살이 마음이 자애로움을 따라서 넓고 크고 한량없고 둘이 아니다.

　원수가 없고 상대가 없으며, 장애가 없고 고뇌가 없으며, 일체 처소에 두루 이르며, 온 법계와 허공계에서 일체 세간에 두루한다. 불쌍히 여김과 기뻐함과 버림에 머무르는 것도 또한 다시 이와 같다.

불자여, 이 보살이 한량없는 신통의 힘을 얻어 능히 대지를 흔들며, 한 몸으로 많은 몸이 되고 많은 몸으로 한 몸이 되며, 숨기도 하고 나타나기도 한다.

돌과 벽과 산이 막혀도 장애 없이 지나가기를 마치 허공과 같이 하며, 허공에서 가부좌하고 가기를 나는 새와 같이 하며, 땅에 들어가기를 물과 같이 하며, 물을 밟기를 땅과 같이 하며, 몸에서 연기와 불꽃을 내기를 큰 불더미와 같이 한다.

또 물을 내리기를 큰 구름과 같이 하며, 해와 달이 공중에 있듯이 큰 위력이 있어 능히 손으로 어루만지고 주무르고 부딪치며 그 몸이 자재하여 범천의 세계에 이른다.

이 보살이 천이통이 청정하여 인간의 귀보다 뛰어나니, 인간이나 천상의 가까운 곳이나 먼 곳의 있는 바

음성을 모두 들으며, 내지 모기와 등에와 파리 등의 소리도 또한 다 능히 듣는다.

이 보살이 타심통의 지혜로 다른 중생의 마음을 사실대로 안다.

이른바 탐심이 있으면 탐심이 있음을 사실대로 알고, 탐심이 없으면 탐심이 없음을 사실대로 안다.

성냄이 있는 마음과 성냄을 여읜 마음과, 어리석음이 있는 마음과 어리석음을 여읜 마음과, 번뇌가 있는 마음과 번뇌가 없는 마음과, 협소한 마음과 넓은 마음과, 큰 마음과 한량없는 마음과, 간략한 마음과 간략하지 않은 마음과, 산란한 마음과 산란하지 않은 마음과, 선정의 마음과 선정이 아닌 마음과, 해탈한 마음과 해탈하지 못한 마음과, 위가 있는 마음과 위가 없는 마음과, 물든 마음과 물들지 않은 마음과, 광대한 마음과 광대하지 않은 마음을 모두 사실대로 안다. 보살이 이와 같이 타심통의 지혜로 중생의 마음을 안다.

이 보살이 한량없는 숙명의 차별을 생각하여 안다.

이른바 한 생을 생각하여 알고, 두 생과 세 생과 네 생과 내지 열 생과 스물·서른 내지 백 생과 한량없는 백 생과 한량없는 천 생과 한량없는 백천 생과, 이루어지는 겁과 무너지는 겁과, 이루어지고 무너지는 겁과, 한량없는 이루어지고 무너지는 겁을 생각하여 안다.

내가 일찍이 어느 곳에서 이러한 이름과, 이러한 성과, 이러한 종족과,

이러한 음식과, 이러한 수명과, 이러한 오래 머무름과, 이러한 고통과 즐거움과, 내가 저기에서 죽어 어느 곳에 태어남과, 어느 곳에서 죽어 이곳에 태어남과, 이러한 형상과, 이러한 모양과, 이러한 말소리와, 이러한 과거의 한량없는 차별을 모두 능히 기억하여 생각한다.

이 보살이 천안통이 청정하여 인간의 눈보다 뛰어나니, 모든 중생들의 나는 때와 죽는 때와, 좋은 몸과 나쁜 몸과, 좋은 갈래와 나쁜 갈래에 업을 따라 가는 것을 본다.

만약 저 중생이 몸으로 나쁜 행을 짓고, 말로 나쁜 행을 짓고, 뜻으로 나쁜 행을 지으며, 성현을 비방하고, 삿된 견해와 삿된 견해의 업의 인연을 구족하면 몸이 무너져 목숨이 끝남에 반드시 나쁜 갈래에 떨어져서 지옥 가운데 태어난다.

만약 저 중생이 몸으로 선한 행을 짓고, 말로 선한 행을 짓고, 뜻으로 선한 행을 지으며, 성현을 비방하지 않고, 바른 견해와 바른 견해의 업의 인연을 구족하면 몸이 무너져 목숨이 끝남에 반드시 좋은 갈래의 모든 천상 가운데 태어나는 것을 보살이 천안으로 모두 사실대로 안다.

이 보살이 모든 선정과 삼매와 삼마발저에 능히 들어가고 능히 나온다. 그러나 그 힘을 따라 생을 받는 것이 아니고, 단지 보리의 부분을 만족할 수 있는 곳을 따라서 뜻과 원력으로 그 가운데 태어난다.

불자여, 이 보살이 이 발광지에 머물러서 원력으로 많은 부처님을 친견한다.

이른바 많은 백 부처님을 친견하며, 많은 천 부처님을 친견하며, 많은 백천 부처님을 친견하며, 내지 많은 백천억 나유타 부처님을 친견한다.

모두 광대한 마음과 깊은 마음으로 공경하고 존중하고 받들어 섬기고 공양하며, 의복과 음식과 와구와 탕약과 일체 살림을 모두 받들어 보시

한다. 또한 일체 스님들에게 공양하며, 이 선근으로 아뇩다라삼먁삼보리에 회향한다.

그 부처님 처소에서 공경히 법을 들으며, 듣고는 받아 지니며, 힘을 따라 수행한다.

이 보살이 일체 법이 나지도 않고 멸하지도 않으며 인연으로 있음을 관찰한다.

견해의 얽매임이 먼저 멸하고, 일체 욕망의 얽매임과 물질의 얽매임과 존재의 얽매임과 무명의 얽매임이 모두 점점 희박하여지고, 한량없는 백천억 나유타 겁에 쌓아 모으지 아니하므로 삿된 탐욕과 삿된 성냄과 삿된 어리석음이 모두 끊어지고, 있는 바 선근이 점점 더 밝고 청정해진다.

불자여, 마치 진금을 교묘하게 연단하여 무게가 줄지 않고 더욱 더 밝고 깨끗하게 되는 것과 같다.

보살도 또한 다시 이와 같아서 이 발광지에 머물러 쌓아 모으지 아니하므로, 삿된 탐욕과 삿된 성냄과 삿된 어리석음이 모두 끊어지고, 있는 바 선근이 더욱 더 밝고 깨끗해진다.

이 보살의 인욕하는 마음과, 부드러운 마음과, 화순하는 마음과, 기뻐하는 아름다운 마음과, 성내지 않는 마음과, 흔들리지 않는 마음과, 탁하지 않은 마음과, 높고 낮음이 없는 마음과, 과보를 바라지 않는 마음과, 은혜를 갚는 마음과, 아첨하지 않는 마음과, 속이지 않는 마음과, 험담하지 않는 마음이 다 점점 청정해진다.

이 보살이 사섭법 중에서는 이롭게 하는 행이 치우쳐 많고, 십바라밀 중에서는 인욕바라밀이 치우쳐 많다. 다른 것을 닦지 않는 것은 아니나 단지 힘을 따르고 분한을 따를 뿐이다.

불자여, 이것을 이름하여 보살의 제3 발광지라고 한다.

보살이 이 지위에 머물러서는 많이 삼십삼천의 왕이 되며, 능히 방편으로 모든 중생들로 하여금 탐욕을 버리어 여의게 하고, 보시하고 사랑스러운 말을 하고 이익하게 하는 행을 하고 일을 같이 한다. 이와 같은 일체 모든 짓는 바 업이 모두 부처님을 생각함을 여의지 아니하며, 법을 생각함을 여의지 아니하며, 스님을 생각함을 여의지 아니하며, 내지 일체종과 일체지의 지혜 구족하기를 생각함을 여의지 아니한다.

다시 이렇게 생각하기를 '나는 마땅히 일체 중생들 가운데서 상수가 되고, 수승한 이가 되고, 특히 수승한 이가 되고, 묘한 이가 되고, 미묘한 이가 되고, 높은 이가 되고, 위없는 이가 되고, 내지 일체지의 지혜에 의지하는 자가 될 것이다.'라고 한다.

만약 부지런히 정진을 행하면 한 생각 사이에 백천 삼매를 얻고, 백천 부처님을 친견하고, 백천 부처님의 위신력을 알고, 백천 부처님의 세계를 능히 진동하며, 내지 백천 가지 몸을 나타내 보이고, 낱낱 몸이 백천 보살로 권속을 삼는다.

만약 보살의 수승한 원력으로 자재하게 나타내 보이면 이 수를 넘어서니, 백 겁과 천 겁과 내지 백천억 나유타 겁에도 능히 세어서 알 수 없다."

 이때에 금강장 보살이 그 뜻을 거듭 펴려고 게송을 설하여 말씀하였다.

 청정하고 편히 머무르고

밝고 성대한 마음과
싫어하지 않고 탐내지 않고
해치지 않는 마음과
견고하고 용맹하고
넓고 큰 마음이여,
지혜로운 자가
이로써 발광지에 들도다.

보살이
이 발광지에 머물러서
모든 법이
괴롭고 무상하고

깨끗하지 않고
파괴되고 빨리 소멸하고
견고함 없고 머무름 없고
왕래도 없음을 관찰하도다.

모든 유위법이
위중한 병과 같고
걱정과 슬픔과 고통과
번뇌에 얽매인 바이며
삼독의 맹렬한 불이
항상 치성하게 타서
비롯함 없는 때부터

쉼 없음을 관하도다.

삼유를 싫어해 여의어
탐착하지 않으며
오직 부처님 지혜만 구하고
다른 생각 없으니
헤아리기 어렵고 생각하기 어렵고
짝할 이 없어
한량없고 가없고
핍박과 고뇌가 없도다.

부처님 지혜를 보고서

중생을 가엾게 여기되
고독하여 의지할 이 없고
구호할 이 없어
삼독의 불이 치성하며
항상 곤핍하고
모든 존재의 옥에 머물러
항상 고통받도다.

번뇌에 얽히고 덮여서
눈멀어 눈이 없으며
뜻에 즐겨함이 하열하여
법의 보배를 상실하며

생사를 따르며
열반을 두려워하니
내 마땅히 저를 구제하려
부지런히 정진하도다.

장차 지혜를 구하여
중생을 이익케 하되
어떤 방편으로
해탈케 할까를 생각해서
여래의 걸림 없는 지혜를
여의지 않으니
그 또한 남이 없는 지혜가

일으킨 바로다.

생각하니 이 지혜는
들어서 얻으며
이와 같이 사유하고
스스로 부지런히 힘써
밤낮으로 듣고 익혀
쉬지 않으며
오직 바른 법을
존중할 뿐이로다.

나라와 성과 재물과

모든 보물과
처자와 권속들과
국왕의 자리를
보살이 법을 위해
공경한 마음을 일으켜
이와 같은 일체를
모두 능히 버리도다.

머리와 눈과 귀와
코와 혀와 치아와
손과 발과 골수와
심장과 피와 살,

이런 것 다 버림은
어렵지 않지만
다만 법을 듣는 일이
가장 어렵도다.

설령 어떤 사람이
보살에게 와서 말하기를
'누가 능히
큰 불덩이에 몸을 던지면
내 마땅히 그대에게
불법의 보배를 주리라.'고 하면
듣고서 몸을 던져도

두려움 없으리라.

가령 불길이
삼천세계에 가득한데
몸을 범천에서 던져
뛰어들더라도
법을 구하기 위한 까닭으로
어렵지 않은데
하물며 인간의
온갖 작은 고통이겠는가.

처음 뜻을 일으킴으로부터

부처가 되기까지
그 사이에 있는 바
아비지옥의 고통을
법을 듣기 위한 까닭으로
다 능히 받거늘
어찌 하물며 인간 중의
온갖 괴로운 일이겠는가.

들고서는 이치대로
바르게 사유하여
사선과 무색계의
정을 얻으며

사무량과 오신통이
차례대로 일어나지만
그 힘을 따라서
생을 받음이 아니로다.

보살이 여기에 머물러
많은 부처님을 친견하고
공양올리고 법문 들어
마음이 결정하여
모든 삿된 의혹 끊고
더욱 청정하니
진금을 연단하되

무게가 줄지 않음과 같도다.

여기에 머물러
많이 도리천왕이 되어서
한량없는 모든 하늘 대중을
교화하여 이끌어
탐심을 버리고 선한 도에
머무르고
한결같이 부처님의 공덕을
오로지 구하게 하도다.

불자들이 여기에 머물러

부지런히 정진하여
백천 삼매를
모두 구족하고
백천 부처님의 상호로 장엄한
몸을 친견하며
만약 원력이라면
다시 이보다 뛰어나리라.

일체 중생을
널리 이익되게 하는 것이
저 모든 보살들의
가장 높은 행이니

이와 같이 있는 바
제3지를
내가 그 뜻에 의지하여
해석해 마쳤도다.

회향송

아차보현수승행
무변승복개회향
보원침익제중생
속왕무량광불찰

시방삼세일체불
제존보살마하살
마하반야바라밀

廻向頌

我此普賢殊勝行
無邊勝福皆迴向
普願沈溺諸眾生
速往無量光佛剎

十方三世一切佛
諸尊菩薩摩訶薩
摩訶般若波羅蜜

大方廣佛華嚴經 — 부록

· 대방광불화엄경 목차

· 간행사

대방광불화엄경
목차

⟨제1회⟩

제1권 제1품 세주묘엄품 [1]

제2권 제1품 세주묘엄품 [2]

제3권 제1품 세주묘엄품 [3]

제4권 제1품 세주묘엄품 [4]

제5권 제1품 세주묘엄품 [5]

제6권 제2품 여래현상품

제7권 제3품 보현삼매품

　　　　 제4품 세계성취품

제8권 제5품 화장세계품 [1]

제9권 제5품 화장세계품 [2]

제10권 제5품 화장세계품 [3]

제11권 제6품 비로자나품

⟨제2회⟩

제12권 제7품 여래명호품

　　　　 제8품 사성제품

제13권 제9품 광명각품

　　　　 제10품 보살문명품

제14권 제11품 정행품

　　　　 제12품 현수품 [1]

제15권 제12품 현수품 [2]

⟨제3회⟩

제16권 제13품 승수미산정품

　　　　 제14품 수미정상게찬품

　　　　 제15품 십주품

제17권 제16품 범행품

　　　　 제17품 초발심공덕품

제18권 제18품 명법품

〈제4회〉

제19권　제19품　승야마천궁품

　　　　제20품　야마궁중게찬품

　　　　제21품　십행품 [1]

제20권　제21품　십행품 [2]

제21권　제22품　십무진장품

〈제5회〉

제22권　제23품　승도솔천궁품

제23권　제24품　도솔궁중게찬품

　　　　제25품　십회향품 [1]

제24권　제25품　십회향품 [2]

제25권　제25품　십회향품 [3]

제26권　제25품　십회향품 [4]

제27권　제25품　십회향품 [5]

제28권　제25품　십회향품 [6]

제29권　제25품　십회향품 [7]

제30권　제25품　십회향품 [8]

제31권　제25품　십회향품 [9]

제32권　제25품　십회향품 [10]

제33권　제25품　십회향품 [11]

〈제6회〉

제34권　제26품　십지품 [1]

제35권　제26품　십지품 [2]

제36권　제26품　십지품 [3]

제37권　제26품　십지품 [4]

제38권　제26품　십지품 [5]

제39권　제26품　십지품 [6]

〈제7회〉

제40권　제27품　십정품 [1]

제41권　제27품　십정품 [2]

제42권　제27품　십정품 [3]

제43권　제27품　십정품 [4]

제44권　제28품　십통품

　　　　제29품　십인품

제45권　제30품　아승지품

　　　　제31품　수량품

　　　　제32품　제보살주처품

제46권　제33품　불부사의법품 [1]

제47권　제33품　불부사의법품 [2]

제48권	제34품	여래십신상해품		제63권	제39품	입법계품 [4]
	제35품	여래수호광명공덕품		제64권	제39품	입법계품 [5]
제49권	제36품	보현행품		제65권	제39품	입법계품 [6]
제50권	제37품	여래출현품 [1]		제66권	제39품	입법계품 [7]
제51권	제37품	여래출현품 [2]		제67권	제39품	입법계품 [8]
제52권	제37품	여래출현품 [3]		제68권	제39품	입법계품 [9]
				제69권	제39품	입법계품 [10]

〈제8회〉

제53권	제38품	이세간품 [1]		제70권	제39품	입법계품 [11]
제54권	제38품	이세간품 [2]		제71권	제39품	입법계품 [12]
제55권	제38품	이세간품 [3]		제72권	제39품	입법계품 [13]
제56권	제38품	이세간품 [4]		제73권	제39품	입법계품 [14]
제57권	제38품	이세간품 [5]		제74권	제39품	입법계품 [15]
제58권	제38품	이세간품 [6]		제75권	제39품	입법계품 [16]
제59권	제38품	이세간품 [7]		제76권	제39품	입법계품 [17]
				제77권	제39품	입법계품 [18]
				제78권	제39품	입법계품 [19]

〈제9회〉

제60권	제39품	입법계품 [1]		제79권	제39품	입법계품 [20]
제61권	제39품	입법계품 [2]		제80권	제39품	입법계품 [21]
제62권	제39품	입법계품 [3]				

간 행 사

 귀의삼보 하옵고,

 『대방광불화엄경』의 수지 독송과 유통을 발원하면서 수미정사 불전연구원에서 『독송본 한문·한글역 대방광불화엄경』과 『사경본 한글역 대방광불화엄경』을 편찬하여 간행하게 되었습니다.

 『화엄경』은 우리나라에 전래된 이래 일찍부터 사경되고 주석·강설되어 왔으며 근현대에 이르러서는 『화엄경』의 한글 번역과 연구도 부쩍 많이 이루어졌습니다. 그만큼 『화엄경』이 우리 불자님들의 신행과 해탈에 큰 의지처가 되었던 것임을 알 수 있습니다.

 『화엄경』을 독송하고 사경하는 공덕은 설법 공덕과 함께 크게 강조되어 왔습니다. 그리하여 수미정사 불전연구원에서도 『화엄경』(80권)을 독송하고 사경하는 데 도움이 되도록 한문 원문과 한글역을 함께 수록한 독송본과 한글역의 사경본 『화엄경』 간행불사를 발원하였습니다. 이 『화엄경』 간행불사에 뜻을 같이하여 적극 후원해주신 스님들과 재가 불자님들께 깊이 감사드립니다. 또한 『화엄경』을 수지 독송할 수 있도록 경책의 모습으로 장엄해 주신 편집위원들과 담앤북스 출판사 관계자들께도 고마움을 표합니다.

 끝으로 이 불사의 원만 회향으로 『화엄경』이 널리 유통되고, 온 법계에 부처님의 가피가 충만하시길 기원드립니다.

 나무 대방광불화엄경

불기 2564년 '부처님오신날'을 봉축하며
수미해주 합장

위태천신(동진보살)

수미해주 須彌海住

호거산 운문사에서 성관 스님을 은사로 출가, 석암 대화상을 계사로 사미니계 수계, 월하 전계사를 계사로 비구니계 수계, 계룡산 동학사 전문강원 졸업, 동국대학교 불교대학 및 동 대학원 졸업, 철학박사, 가산지관 대종사에게서 전강, 동국대학교 불교대학 교수, 동학승가대학 학장 및 화엄학림 학림장, 중앙승가대학교 법인이사 역임.
(현) 수미정사 주지, 동국대학교 명예교수.
저·역서로『의상화엄사상사연구』,『화엄의 세계』,『정선 원효』,『정선 화엄 1』,『정선 지눌』,『법계도기총수록』,『해주스님의 법성게 강설』등 다수.

사경본 한글역
대방광불화엄경 제35권

| 초판 1쇄 발행_ 2023년 7월 15일

| 엮은이_ 수미해주
| 엮은곳_ 수미정사 불전연구원
| 편집위원_ 해주 수정 경진 선초 정천 석도 박보람 최원섭
| 편집보_ 무이 무진 지욱 혜명

| 펴낸이_ 오세룡
| 펴낸곳_ 담앤북스
   서울특별시 종로구 새문안로3길 23 경희궁의 아침 4단지 805호
   대표전화 02)765-1251 전자우편 dhamenbooks@naver.com
   출판등록 제300-2011-115호
| ISBN_ 979-11-6201-412-7 04220

이 책은 저작권 법에 따라 보호받는 저작물이므로 무단전재와 복제를 금합니다.
이 책 내용의 전부 또는 일부를 이용하려면 반드시 저작권자와 담앤북스의 서면 동의를 받아야 합니다.

정가 10,000원
ⓒ 수미해주 2023